I0473499

طبـــع فـــي المملكـــة المتحـــدة بواســـطة
شـــركة 'المصدر الســـريغ' المملكـــة المتحـــدة

ال ع و ا ل م ا ل م ت ق ا ط ع ة

INTERSECTING WORDS

Colebrooke Publications

مطبوعـــات كولـــبروك

978-0-9568575-1-4

سـارة جـاكوبس Sarah Jacobs

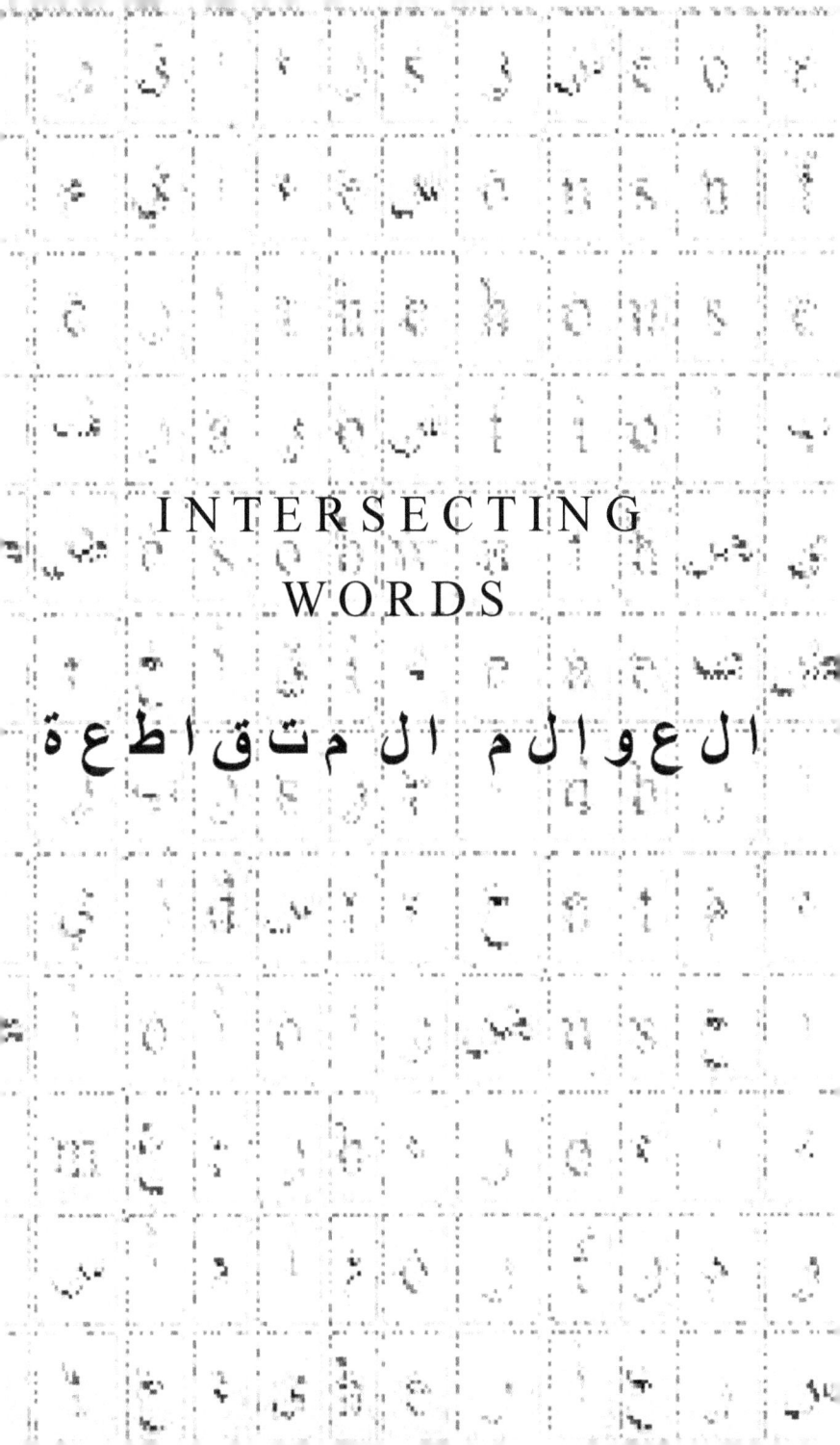

INTERSECTING WORDS

العوالم المتقاطعة

نحن نسلك
نفس الدروب
القديمة

We walk the old tracks.

Ray Bradbury

راي برادبري

WORDS FLOW IN ALL DIRECTIONS

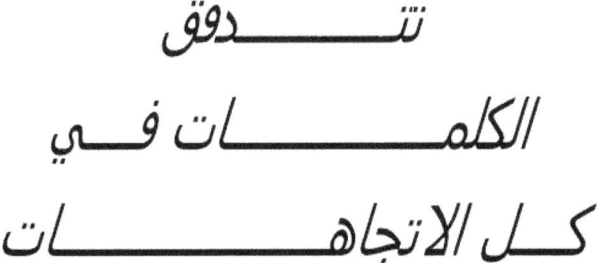

تتـــــدفق
الكلمـــــات فـــي
كـــل الاتجاهـــــات

مـرآة فـي

فيلنيــــوس

فـــي الطـــريق

شـــارع سمســم

موســوعة فــي

مـن وإلــى زانــادو

شـــارع المتنــــبي

بـــوينس آيـــرس آيـــرس

طـــريق الطـــوب الأصــفر

ر	ى	م	م	ل	ا	u	r	م	ل
ف	ر	و	ظ	و	ع	م	e	v	ط
ص	ب	t	ق	ل	ا	م	ر	ن	ر
أ	ك	ن	ل	و	أ	و	س	م	e
ل	ل	د	آ	ق	ن	س	ن	ن	م
ا	ا	ي	س	ي	h	و	ص	و	ل
ب	س	م	س	م	س	ع	ر	ا	ش
و	ر	ر	ي	s	ن	ة	ل	ل	آ
ط	ي	ش	ا	e	ي	ف	ن	ى	ي
ل	آ	ا	ش	t	ي	ي	ب	ز	ط
ا	س	ر	a	a	h	و	ف	ا	م
ق	ن	ع	ق	r	ز	e	ي	ن	s
ي	ي	ا	س	h	i	v	ي	ا	د
ر	و	ل	ة	p	ش	v	س	د	i
ط	ب	م	ي	u	t	و	e	و	م
ش	ب	ت	ي	e	ي	م	h	r	t
ل	و	ن	h	ن	ر	و	م	ط	v
ش	e	ب	ل	ر	ي	ل	ل	ر	ش
ف	ف	ي	ا	ل	ط	ر	ي	ق	ن
ي	ف	ة	آ	ر	م	ي	ل	ب	ا

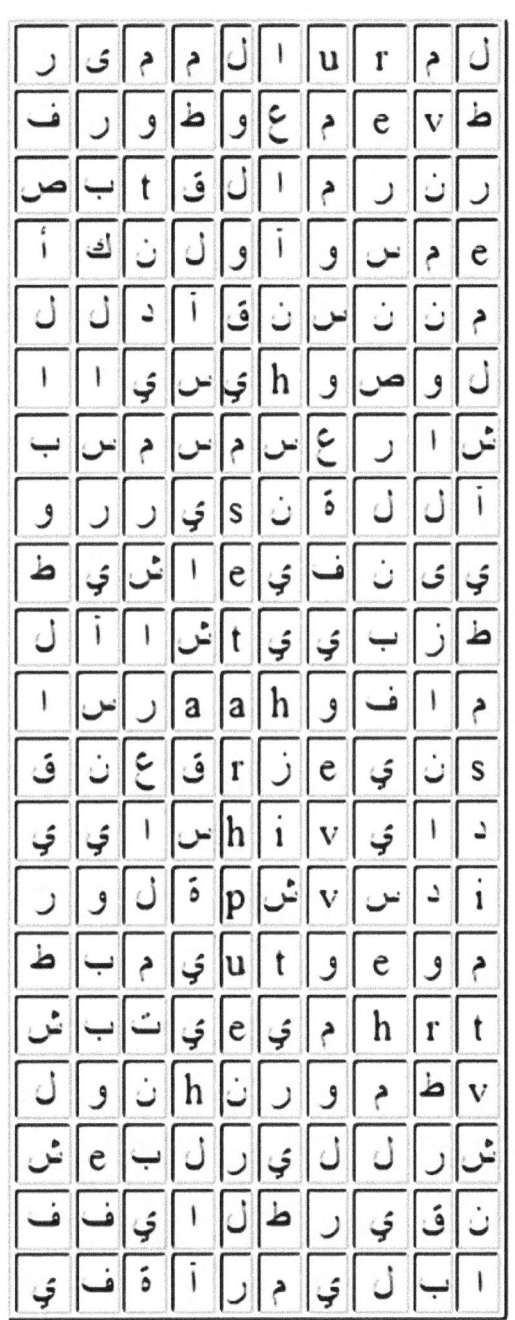

أي

كم

ما

أيــن

كيــف

مــتى

ماذا

لمــاذا

ذكريــات معاهــد

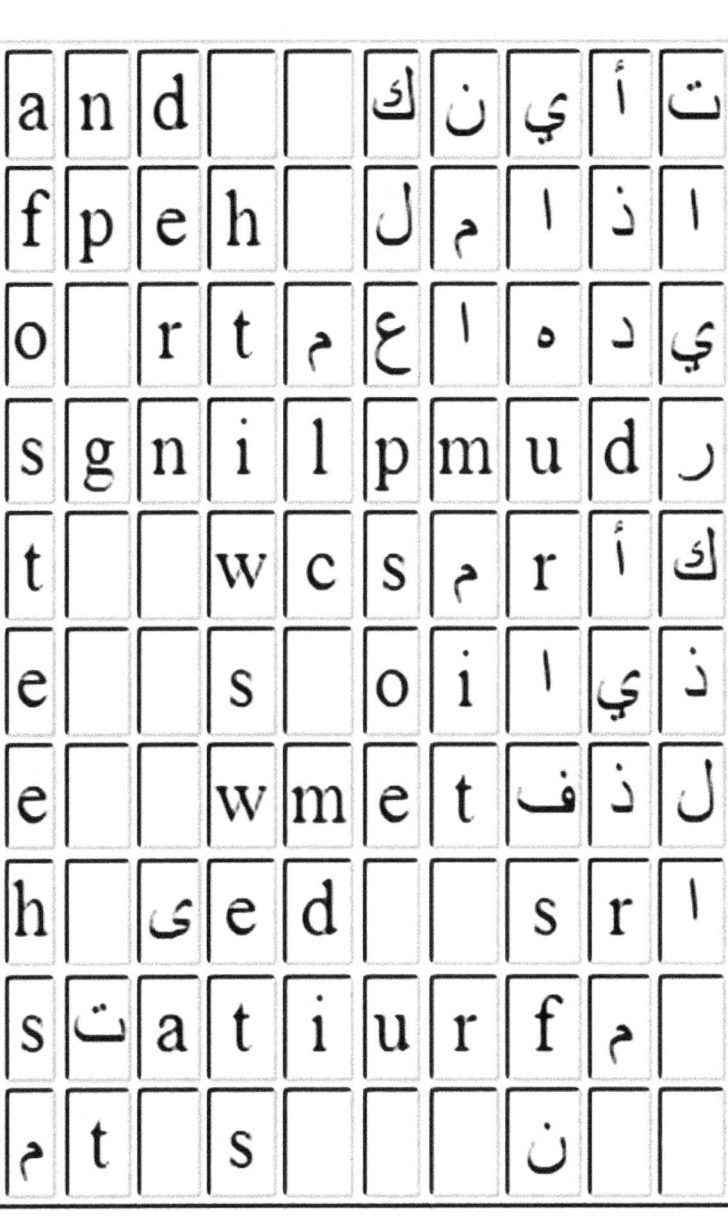

a	n	d			ك	ن	ي	أ	ت
f	p	e	h		ل	م	ا	ذ	ا
o		r	t	م	ع	ا	ه	د	ي
s	g	n	i	l	p	m	u	d	ر
t			w	c	s	م	r	أ	ك
e			s		o	i	ا	ي	ذ
e			w	m	e	t	ف	ذ	ل
h		ى	e	d			s	r	ا
s	ت	a	t	i	u	r	f	م	
م	t		s				ن		

بــرهن

تـــرجم

ســـيطر

عرقـل

ثـــــرثر

رفــرف

زحزح

زقـزق

زلـزل

ضعضــــع

غرغر

		y	b		t	y			
	d	n	a	d	e	a			
ض			c	s	g	ل			
	ع		k	a			ز		
		ض	i	م	n	a	c	ل	ح
		n	ع	l	ج	d	ب	e	ز
س	ي	ط	ر	ز	i	ر	l	r	ح
	I	ث	ق	ف	ه	g	ت	e	ز
	ر	ز	ل	ن	ر		h	h	
ث	ق	غ	ر	غ	ر	ف		t	

أراد أن

اســـتطاع أن

تمـــنى أن

رغـب فـي أن

رفــض أن

شــجع علــى أن

قــرر أن

يمكـــن أن

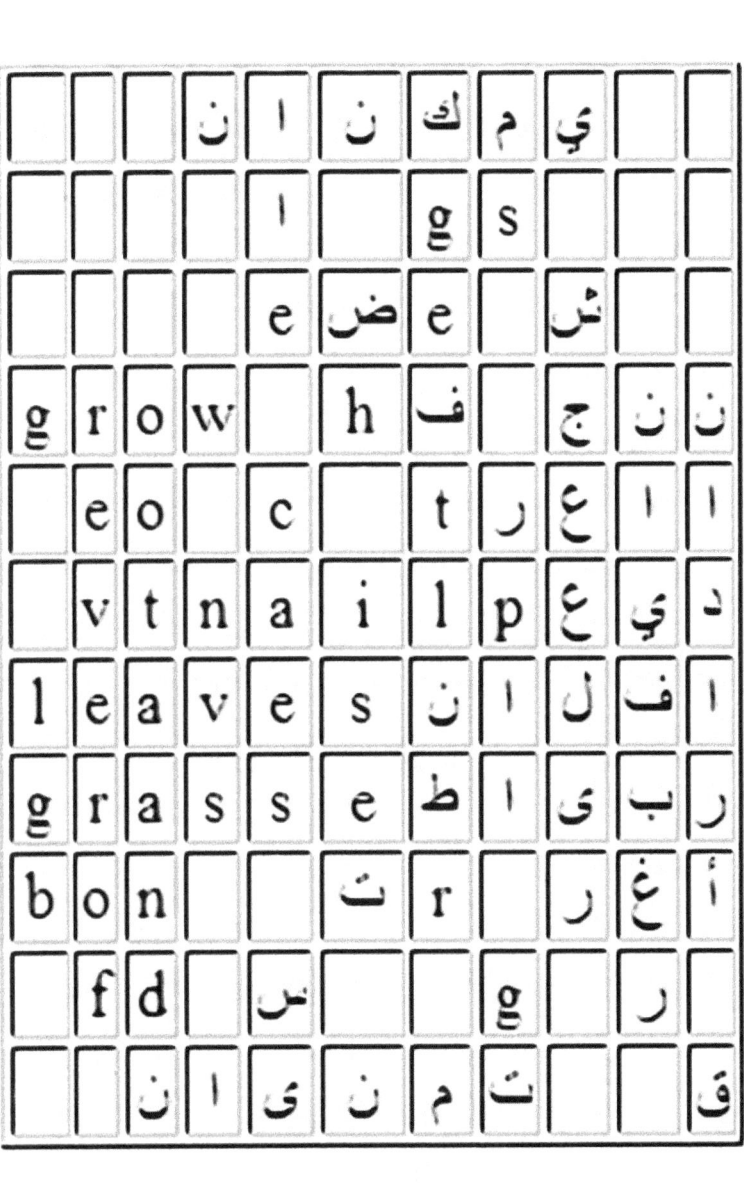

			ن	ا	ن	ك	م	ي		
				ا		g	s			
				e	ض	e		ث		
g	r	o	w		h	ف		ج	ن	ن
	e	o		c		t	ر	ع	ا	ا
	v	t	n	a	i	l	p	ع	ي	د
l	e	a	v	e	s	ن	ا	ل	ف	ا
g	r	a	s	s	e	ط	ا	ى	ب	ر
b	o	n			ت	r		ر	غ	أ
	f	d		س			g		ر	
		ن	ا	ى	ن	م	ت			ق

الجـــبر أمـــير البحـــر تعريفـــة
حشـيش خــروب قطــن
شـراب غزال زرافـة
صــفر مخـزن

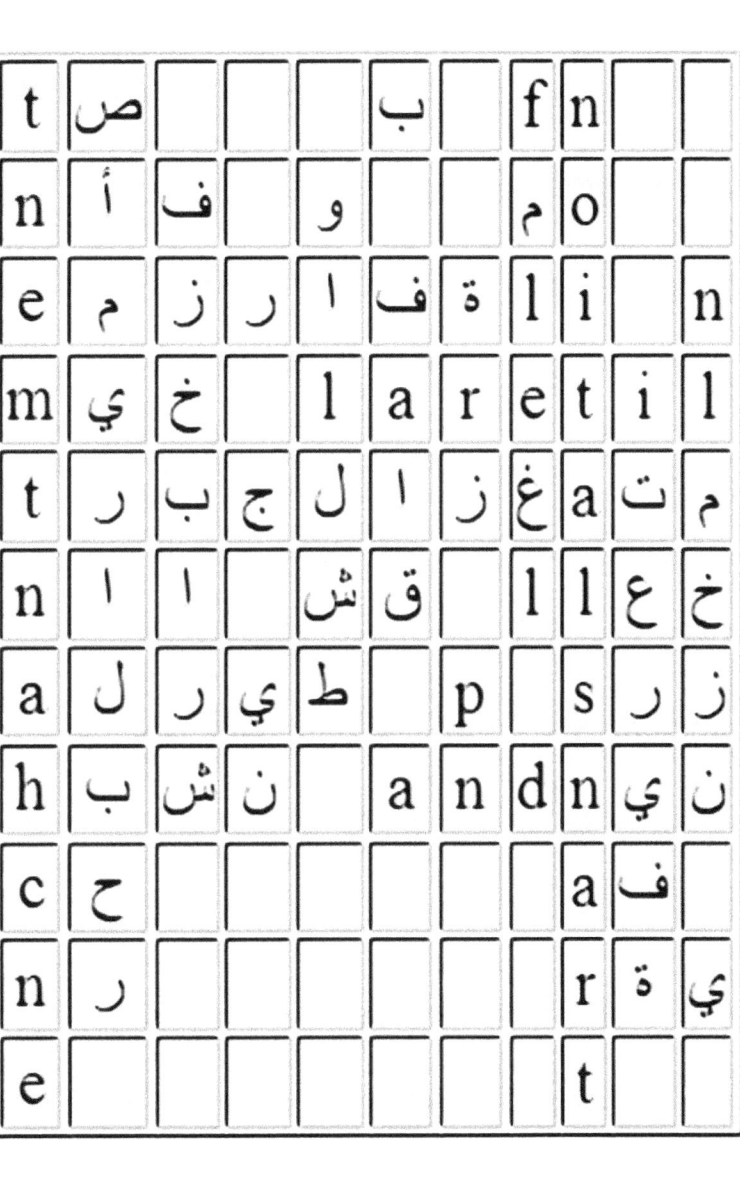

t	ص				ب		f	n		
n	أ	ف		و			م	o		
e	م	ز	ر	ا	ف	ة	l	i		n
m	ي	خ		l	a	r	e	t	i	l
t	ر	ب	ج	ل	ا	ز	غ	a	ت	م
n	ا	ا		ش	ق		l	l	ع	خ
a	ل	ر	ي	ط		p		s	ر	ز
h	ب	ش	ن		a	n	d	n	ي	ن
c	ح							a	ف	
n	ر							r	ة	ي
e								t		

THE TIGRIS

والفــــرات

FINDING

تتــــــدفق

الكلمــــــات فـــي

كـــل الاتجاهـــــــات

quotation of examples grow 60 seconds again chattered prated gossiped

nevermore Bengali by the house the colour white translated translation tariff

short cotton how many how meat why pliant what is what to do Mandarin

7 seas alternatives for the Portuguese language proved demonstrated

Chinese when represents describes stands for magazine a mirror in bright

terror was able to the now algebra the river on the English language

apricots to and from Xanadu an encyclopaedia in yes a day the river who so

an admiral and semi-circles the leaves on the trees 7 days where forever

there Hindi sheets of and and see get and one night my dear the

the green he desired to I became greater Buenos Aires 1000 nights

Japanese Language whose must I creates stews with can could be

giraffe blue chirped dandled in his arms dumplings shook convulsed caused

to tremble 24 hours the Spanish language enchantment happy the colour

black dominated Mutanabbi Street a ghost encouraged to sherbet and syrup

fluttered hovered refused to the Russian language moved from its place

circles institutes of memory the head 7 voyages of Sinbad he strived for that

by brother Sesame Street sun candle 12 months zero yellow ruined

sad green grass of wisdom red mute carob green light the Tigris 60 minutes

demolished razed light small Yellow Brick Road tall a plain the Arabic

babbled heavy of an ox an ox new dried sheets beautiful good and literal

language he obstructed broad foundation blind the worlds back gurgled

gazelle fruit the Euphrates branches on route Vilnius ugly ancient decided to

FINDING

تتـــــــدفق

العـــــــوالم فـــي

كـــل الاتجاهــــــات

بيــن دجلــة

THE EUPHRATES

الماندرين الصينية

الانكليزية

الاسبانية

الهندية

العربية

البنغالية

الروسية

البرتغالية

اليابانية

	m	y	d	e	a	r					ا			
				n							ل	ة		
			d		ة	ة					م	ي		
		s			ة	ي	ن	ا	ب	س	ا	ل	ا	
n	e					ل	ز	ل	ل		ن	ا		
e		r				ا		ي	ا	ع	د	غ		
v		e		ز	s	غ		ا	ل	ز	ر	ن		
e		h	ة	o	b	ت	ل	ب		ك	ي	ب		
r	m	t	n	ن	ن	ر		ا			ن	ل	ي	
m		o	ل	ل	و	ب		ن				ا		ة
o	w	r	c	س	ا	ل	ص	ي	ن	ي	ة		ل	
r		b	ي	e	ي	ا		ة	ي	د	ن	ه	ل	ا
e		ة			b	a	g	h	o	s	t	s	u	m
						I								

أزرق

زرقــاء

أســود

ســوداء

أخرس

خرســاء

أحمر

حمراء

أخضــر

خضــراء

أصــــفر

صـــــفراء

أبيـــض

بيضــــــاء

أعمى

عميــاء

ز	ر	ق	ا	ء	ر	s		س	e		
ع	م	ي	ا	ء	e			n	s		
		ر		t	h	e	h	o	u	s	e
	ف		a				f	i	o	أ	ب
ص	ض	e	s	o	h	w		t	h	ص	ي
خ	r	خ	أ	ق	i	د	e	a	e	ف	ض
c		ب	ر	s	و	r	أ	d	h	ر	ا
	ي	ز	d	س	r	ء	خ	n	t	م	ء
ض	أ	o	أ	o	ا		ض	u		ح	ا
	m	ع	r	ر		ء	ر	o		أ	د
			م					f			و
		ح		ى				أ	خ	ر	س

١٢ شهرا

٢٤ ساعة

٦٠ ثانية

٦٠ دقيقة

٧ أيام

٧ بحار العالم

٧ رحلات السندباد

ألف ليلة وليلة

		ة	ل	ي	ل	و					d
ا		ع	أ		ا	٧	أ	ي	ا	م	n
م	ل	ا	ع	ل	ا	ر	ا	ح	ب	٧	a
c	r	س			ف		ه				
i	e	ء	ن			ل		ش			
r	p	٢		د		ا	ي		٢		
c	r				ب	ت		ل		١	
l	e		٦	٠	ث	ا	ن	ي	ة		
e	s				٦	٠	د	ق	ي	ق	ة
s	e	l	c	r	i	c	-	i	m	e	s
	n										
	t										

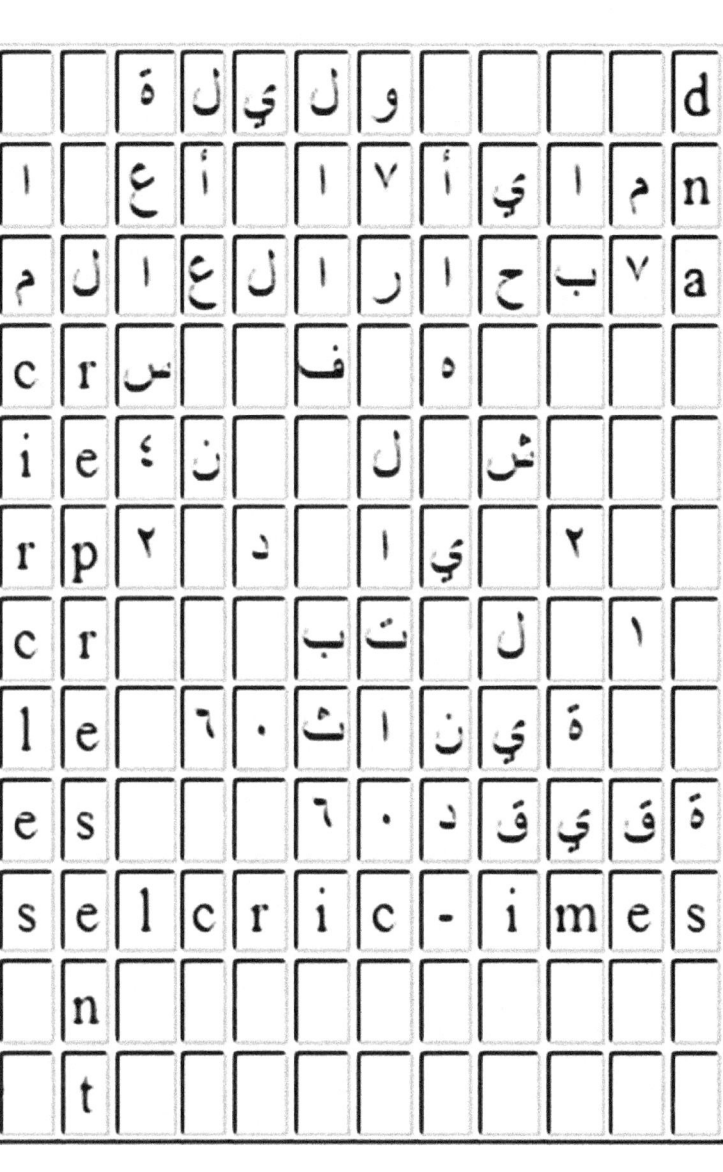

ثقيل قديم

جديد قصير

جميل قبيح

حزين عريض

سيئ سعيد

ضيق خفيف

طويل جيد

		r	م	ي	د	ق	ص	ي	ر		
		ص	e		ف	ي	ف	خ		ئ	
	x			p	x	ض	ع	ر	ي	ض	
		o	g	o	r			س			ل
	s	t	n	e	s	e	r	p	e	r	ي
		a	i	a			s				و
		d	s		f			e			ط
		a	i	د		o		ج	n	ث	
		y	r	ن	ي	ز	ح	د	ق	t	
			e			ج	م	ي	ل		s
t	h	e	h	e	a	d	ل	د	ب	u	
ع			t			t	n		n	ق	

مـرآة فـي

فيلنيـــــوس

فـــي الطـــريق

شـــارع سمســم

موســوعة فـــي

مـن وإلـى زانـادو

شـــــارع المتنـــبي

بـــوينس آيـــرس آيـــرس

طـــريق الطـــوب الأصـــفر

ى	س	ش	t	i	g	r	i	s
ر	ر	ا	ي	h	و	م	م	ي
ب	ي	ر	ن	ر	e	ر	e	م
ك	أ	ع	د	ز	ا	آ	ن	م
ل	س	ا	ل	ق	س	ة	ع	ن
ا	ن	ل	ب	ز	م	ف	س	س
س	ي	م	ف	ى	و	ي	g	ك
ر	و	ث	r	ا	د	ل	i	ب
ي	ب	ن	ث	أ	ا	ن	ف	ة
آ	ر	ب	ا	e	ن	ي	ب	ر
س	ب	ي	م	د	ا	و	و	ن
ن	ك	م	ي	ل	ز	س	م	د
ي	أ	ي	ط	ى	ى	م	ا	ن
و	ن	ر	ر	ط	ل	ا	t	ب
ب	ي	i	ل	ي	ا	ف	ر	ل
ق	ي	ف	ة	ع	و	س	و	م
r	i	v	e	r	ن	ا	ن	ف
ش	ا	ر	ع	س	م	س	م	و

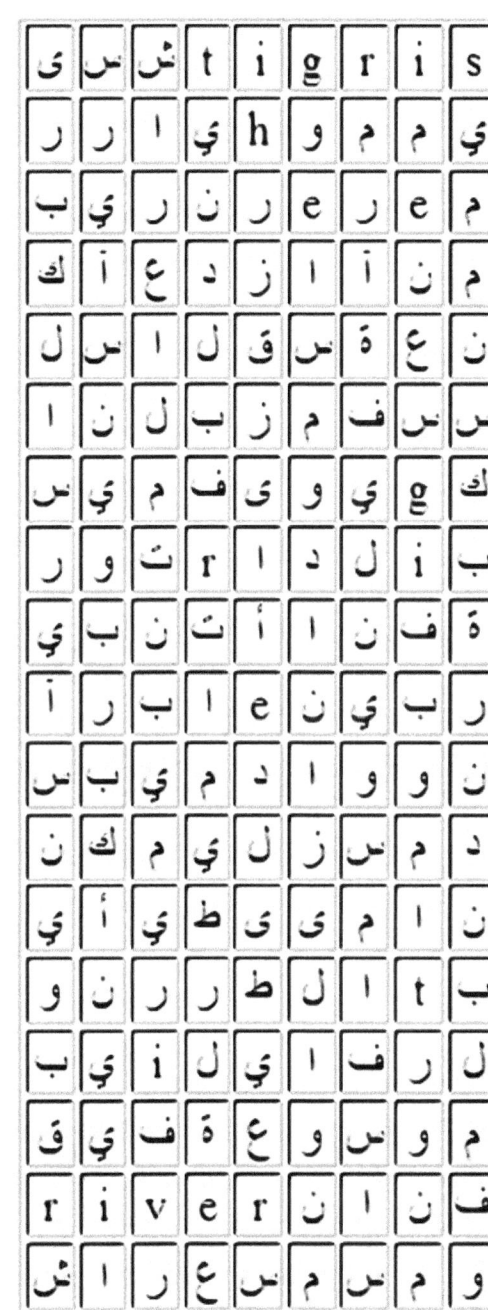

WORDS FLOW IN ALL DIRECTIONS

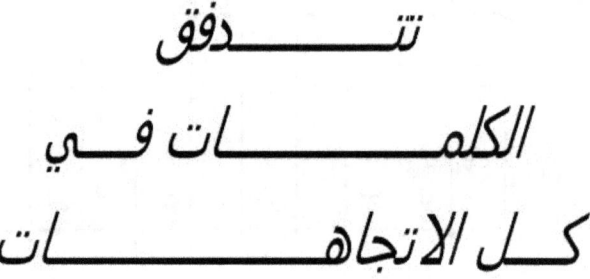

تتـــــــــدفق
الكلمــــــــــات فـــي
كـــل الاتجاهـــــــــات

ما نحن إلا خليط
من الأدب
والتاريخ
وقانون الدولي

We are all bits and pieces

of literature

and history

and international law

Ray Bradbury

راي برادبري

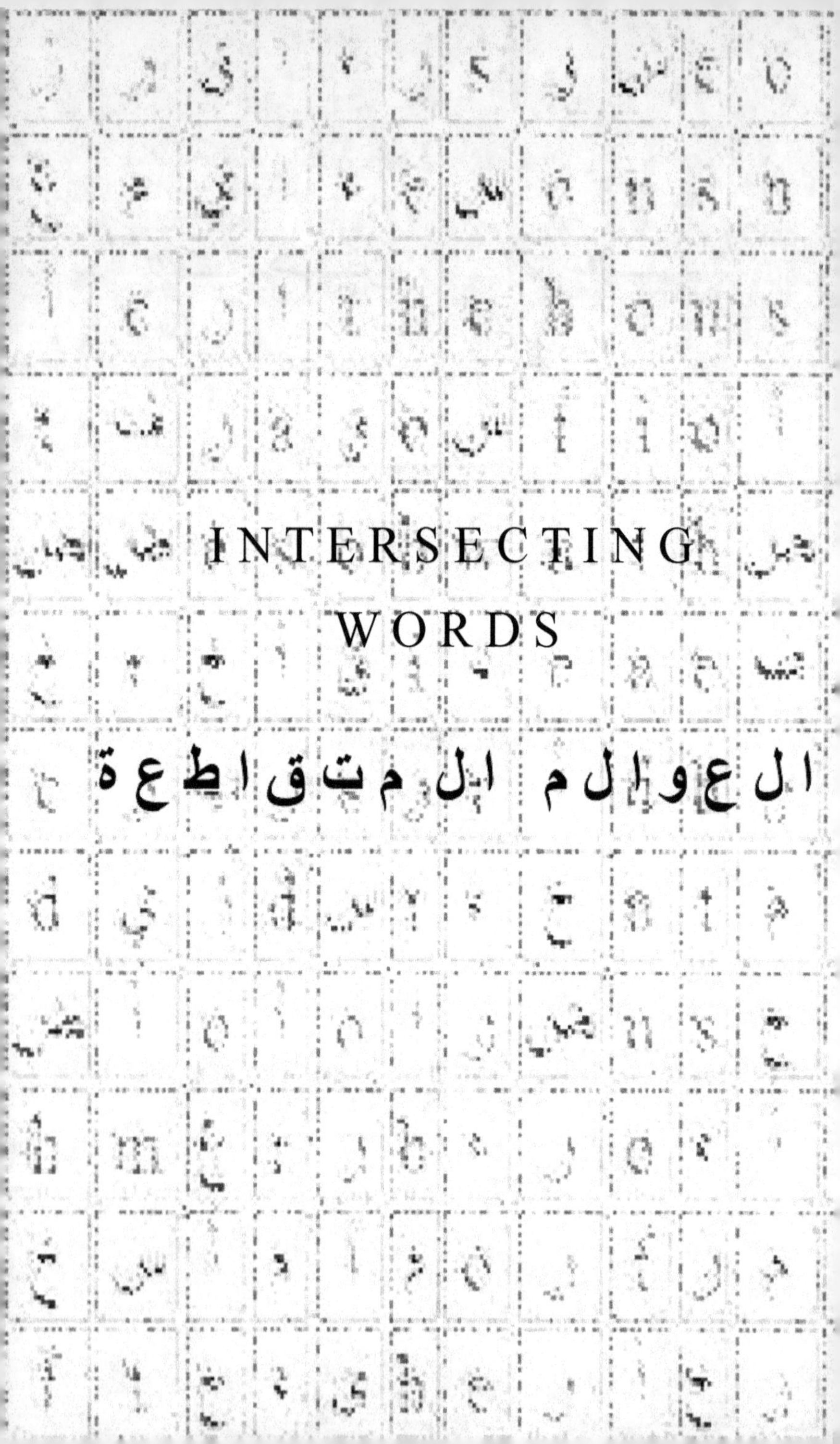

INTERSECTING WORDS

العوالم المتقاطعة

ال ع و ال م ال م تق اط ع ة

INTERSECTING WORDS

Colebrooke Publications

مطبوعـــات كولـــبروك

978-0-9568575-1-4

ســارة جــاكوبس Sarah Jacobs

www.ingramcontent.com/pod-product-compliance
Lightning Source LLC
Chambersburg PA
CBHW072308170526
45158CB00003BA/1238
* 9 7 8 0 9 5 6 8 5 7 5 1 4 *